JN069353

失われた北海道の鉄路がよみがえる

オールカラー
北海道の
廃線記録
（室蘭本線、日高本線、根室本線沿線編）

写真：安田就視　解説：辻 良樹

D51形816号機が滝ノ上〜川端間を行く。当時はこの区間に信号場は無かったが、1981（昭和56）年10月の石勝線開業にともない滝ノ下信号場が開設された。石勝線は信号場が多いことでも知られる。信号場近くには、川端ダムや発電所がある。
◎滝ノ上〜川端　1975（昭和50）年5月16日

.....Contents

万字線随一の撮影スポットだった美流渡～万字間の俯瞰。
秋の大自然に抱かれた大パノラマが広がり、車窓からも雄
大な景色を楽しめた。ちなみに、万字という独特な地名や
路線名は、万字炭鉱の朝吹家の家紋「卍」に由来している。
◎万字～美流渡　1981（昭和56）年10月7日

まえがき

　今回は、室蘭本線、日高本線、根室本線から分岐した懐かしい路線の在りし日の記録である。室蘭本線伊達紋別から分岐して昭和新山、羊蹄山の麓を走った胆振線、同じく室蘭本線の志文から分岐した万字線、同本線の追分から分岐した夕張線および登川支線、苫小牧まで戻り、日高本線鵡川から分岐した富内線、根室本線帯広へ目を移し、帯広を起点に南北を走った広尾線と士幌線、同線池田から北見を結んだ池北線、そして同線白糠から細々と生き残っていた白糠線まで、計8路線の現役時代をオールカラー写真でお届けする。

　奇しくも、日高本線鵡川〜様似間が2021（令和3）年4月をもって廃止予定と知り、かつて乗車したことがあったので、残念でならない。そして、鵡川から分岐していた富内線の写真を見ると、過ぎ去った時の流れの長さを感じずにはいられない。北海道の鉄道には、本州の鉄道にはない魅力が詰まっている。それは、ローカルな路線になればなるほど、地域を結び続けた味わいが醸し出され、厳冬の北海道で乗客を運び続けたあたたかさにも通じる。

　記憶に新しい石勝線夕張支線の廃止。石勝線の支線として運行されていた夕張支線だが、石勝線開通までは追分〜夕張間の夕張線で、現在石勝線になっている区間の夕張線時代の写真もふんだんに掲載してある。広尾線と言えば「愛の国から幸福へ」ブーム。改築前の木造駅舎時代の愛国駅や現役時代の幸福駅も収録。赤字路線廃止の第一弾になってしまった白糠線。北進駅の様子は、延伸の夢破れた終端駅の魅力があり、今はなかなかこのような寂しい終着駅に巡り合えないな、と呟きながら写真を拝見した。

　北海道の国鉄ローカル線が最も魅力的だった当時の記録集と言える。北海道には、駅跡地を整備した鉄道公園が多い。駅舎やプラットホームが残るところもあり、ぜひ、この本をお供に訪ねてほしい。

2021年1月　辻 良樹

【胆振線】

区間	伊達紋別～倶知安(83.0km) 京極～脇方(7.5km)
開業	1919(大正8)年11月15日
廃止	1986(昭和61)年11月1日

伊達紋別　だてもんべつ
0.0km(伊達紋別起点)
↓
上名川　かみながわ
5.1km(伊達紋別起点)
↓
壮瞥　そうべつ
10.3km(伊達紋別起点)
↓
久保内　くぼない
17.1km(伊達紋別起点)
↓
蟠渓　ばんけい
23.1km(伊達紋別起点)
↓
北湯沢　きたゆざわ
27.5km(伊達紋別起点)
↓
優徳　ゆうとく
30.3km(伊達紋別起点)
↓
新大滝　しんおおたき
35.0km(伊達紋別起点)
↓
御園　みその
48.4km(伊達紋別起点)
↓
北鈴川　きたすずかわ
5.5km(伊達紋別起点)
↓
喜茂別　きもべつ
59.2km(伊達紋別起点)
↓
留産　るさん
62.9km(伊達紋別起点)
↓
南京極　みなみきょうごく
63.0km(伊達紋別起点)
↓
東京極　ひがしきょうごく
68.4km(伊達紋別起点)
↓
京極　きょうごく
69.6km(伊達紋別起点)
↓
北岡　きたおか
72.6km(伊達紋別起点)
↓
寒別　かんべつ
74.9km(伊達紋別起点)
↓
参郷　さんごう
78.4km(伊達紋別起点)
↓
六郷　ろくごう
80.4km(伊達紋別起点)
↓
倶知安　くっちゃん
83.0km(伊達紋別起点)

<脇方支線>
京極　きょうごく
0.0km(京極起点)
↓
脇方　わきかた
7.5km(京極起点)

【富内線】

区間	鵡川～日高町(82.5km)
開業	1922(大正11)年7月24日
廃止	1986(昭和61)年11月1日

鵡川　むかわ
0.0km(鵡川起点)
↓
豊城　とよしろ
3.6km(鵡川起点)
↓
春日　かすが
7.8km(鵡川起点)
↓
旭岡　あさひおか
15.8km(鵡川起点)
↓
栄　さかえ
22.4km(鵡川起点)
↓
豊田　とよた
31.0km(鵡川起点)
↓
穂別　ほべつ
37.3km(鵡川起点)
↓
富内　とみうち
45.5km(鵡川起点)
↓
幌毛志　ほろけし
55.0km(鵡川起点)
↓
振内　ふれない
58.4km(鵡川起点)
↓
仁世宇　にせう
61.2km(鵡川起点)
↓
岩地志　いわちし
68.6km(鵡川起点)
↓
日高岩内　ひだかいわない
73.4km(鵡川起点)
↓
日高三岡　ひだかみつおか
78.1km(鵡川起点)
↓
日高町　ひだかちょう
82.5km(鵡川起点)

【万字線】

区間	志文～万字炭山(23.8km)
開業	1914(大正3)年11月11日
廃止	1985(昭和60)年4月1日

志文　しぶん
0.0km(志文起点)
↓
上志文　かみしぶん
6.6km(志文起点)
↓
朝日　あさひ
12.2km(志文起点)
↓
美流渡　みると
15.9km(志文起点)
↓
万字　まんじ
22.3km(志文起点)
↓
万字炭山　まんじたんざん
23.8km(志文起点)

【夕張線】

区間	紅葉山～登川(7.6km)
開業	1907(明治40)年5月16日
廃止	1981(昭和56)年7月1日

紅葉山　もみじやま
0.0km(紅葉山起点)
↓
楓　かえで
4.5km(紅葉山起点)
↓
登川　のぼりかわ
7.6km(紅葉山起点)

【石勝線 夕張支線】

区間	新夕張～夕張(16.1km)
開業	1892(明治25)年11月1日
編入	1981(昭和56)年7月1日 夕張線の追分～夕張間を石勝線に編入、紅葉山を新夕張に改称
廃止	2019(平成31)年4月1日

新夕張　しんゆうばり
0.0km(新夕張起点)
↓
沼ノ沢　ぬまのさわ
2.7km(新夕張起点)
↓
南清水沢　みなみしみずさわ
6.7km(新夕張起点)
↓
清水沢　しみずさわ
8.2km(新夕張起点)
↓
鹿ノ谷　しかのたに
14.8km(新夕張起点)
↓
夕張　ゆうばり
16.1km(新夕張起点)

【士幌線】

区間	帯広～十勝三股(78.3km)
開業	1939(昭和14)年11月18日
廃止	1987(昭和62)年3月22日

帯広　おびひろ
0.0km(帯広起点)
↓
木野　きの
4.4km(帯広起点)
↓
音更　おとふけ
10.0km(帯広起点)
↓
駒場　こまば
15.6km(帯広起点)
↓
武儀　むぎ
18.4km(帯広起点)
↓
中士幌　なかしほろ
22.5km(帯広起点)
↓
士幌　しほろ
30.1km(帯広起点)
↓

北平和　きたへいわ
34.4km（帯広起点）
↓
上士幌　かみしほろ
38.4km（帯広起点）
↓
萩ヶ丘　はぎがおか
43.5km（帯広起点）
↓
清水谷　しみずだに
48.8km（帯広起点）
↓
黒石平　くろいしだいら
53.6km（帯広起点）
↓
糠平　ぬかびら
59.7km（帯広起点）
↓
幌加　ほろか
71.3km（帯広起点）
↓
十勝三股　とかちみつまた
78.3km（帯広起点）

【広尾線】

区間　帯広〜広尾（84.0km）
開業　1929（昭和4）年11月2日
廃止　1987（昭和62）年2月2日

帯広　おびひろ
0.0km（帯広起点）
↓
依田　よだ
4.1km（帯広起点）
↓
北愛国　きたあいこく
6.7km（帯広起点）
↓
愛国　あいこく
11.0km（帯広起点）
↓
大正　たいしょう
16.7km（帯広起点）
↓
幸福　こうふく
22.0km（帯広起点）
↓
中札内　なかさつない
28.1km（帯広起点）
↓
更別　さらべつ
35.4km（帯広起点）
↓
上更別　かみさらべつ
42.0km（帯広起点）
↓
虫類　ちゅうるい
50.0km（帯広起点）
↓
十勝東和　とかちとうわ
54.4km（帯広起点）
↓
大樹　たいき
60.6km（帯広起点）
↓
石坂　いしざか
64.9km（帯広起点）
↓
豊似　とよに
71.2km（帯広起点）
↓
野塚　のづか
76.3km（帯広起点）
↓

新生　しんせい
79.1km（帯広起点）
↓
広尾　ひろお
84.0km（帯広起点）

【池北線】

区間　池田〜北見（140.0km）
開業　1910（明治43）年9月22日
廃止　1989（平成元）年6月3日、
翌日から第三セクターの鉄道「北海道
ちほく高原鉄道 ふるさと銀河線」に
継承されたが、2006（平成18）年4
月20日に廃止となる。

池田　いけだ
0.0km（池田起点）
↓
様舞　さままい
5.7km（池田起点）
↓
高島　たかしま
11.5km（池田起点）
↓
大森　おおもり
16.5km（池田起点）
↓
勇足　ゆうたり
20.8km（池田起点）
↓
南本別　みなみほんべつ
23.5km（池田起点）
↓
岡女堂　おかめどう
27.3km（池田起点）
↓
本別　ほんべつ
29.8km（池田起点）
↓
仙美里　せんびり
36.2km（池田起点）
↓
足寄　あしょろ
44.6km（池田起点）
↓
愛冠　あいかっぷ
50.7km（池田起点）
↓
西一線　にしいっせん
54.0km（池田起点）
↓
塩幌　しおほろ
55.9km（池田起点）
↓
上利別　かみとしべつ
58.4km（池田起点）
↓
笹森　ささもり
62.2km（池田起点）
↓
大誉地　およち
66.5km（池田起点）
↓
薫別　くんべつ
70.7km（池田起点）
↓
陸別　りくべつ
77.4km（池田起点）
↓
分線　ぶんせん
83.1km（池田起点）
↓

川上　かわかみ
87.2km（池田起点）
↓
小利別　しょうとしべつ
93.5km（池田起点）
↓
置戸　おけと
109.4km（池田起点）
↓
豊住　とよずみ
113.8km（池田起点）
↓
境野　さかいの
116.6km（池田起点）
↓
西訓子府　にしくんねっぷ
118.4（池田起点）
↓
西富　にしとみ
121.4km（池田起点）
↓
訓子府　くんねっぷ
123.5km（池田起点）
↓
穂波　ほなみ
123.5km（池田起点）
↓
日ノ出　ひので
127.4km（池田起点）
↓
広郷　ひろさと
129.4km（池田起点）
↓
上常呂　かみところ
132.2km（池田起点）
↓
北光社　ほっこうしゃ
135.5km（池田起点）
↓
北見　きたみ
140.0km（池田起点）

【白糠線】

区間　白糠〜北進（33.1km）
開業　1964（昭和39）年10月7日
廃止　1983（昭和58）年10月23日

白糠　しらぬか
0.0km（白糠起点）
↓
上白糠　かみしらぬか
6.0km（白糠起点）
↓
茶路　ちゃろ
11.8km（白糠起点）
↓
縫別　ぬいべつ
19.3km（白糠起点）
↓
上茶路　かみちゃろ
25.2km（白糠起点）
↓
下北進　しもほくしん
30.7km（白糠起点）
↓
北進　ほくしん
33.1km（白糠起点）

胆振線の沿線（昭和46年）

地図北側の倶知安駅から羊蹄山、洞爺湖の東側を通って伊達紋別線に至る胆振線沿線の地図である。倶知安駅では函館本線、伊達紋別駅では室蘭本線と接続していた。この沿線には洞爺湖、昭和新山、有珠山といった観光名所があり、温泉も湧いている。伊達紋別駅があった伊達町は、1972（昭和47）年に伊達市となっている。（国土地理院発行「1/200,000地形図」）

富内線の沿線（昭和47年）

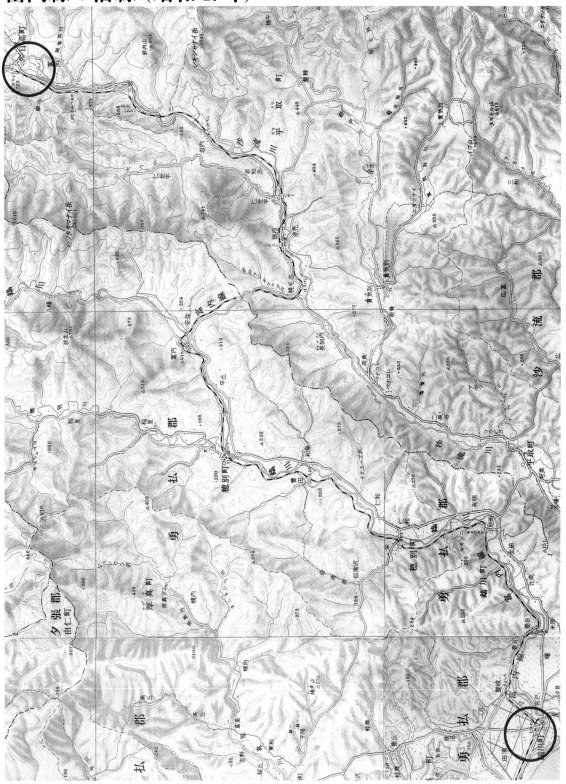

地図南西の鵡川駅と北東の日高町駅を結んでいた富内線の線名は、鵡川沿いの途中駅で、むかわ町にあった富内駅に由来している。起点だった鵡川駅は、太平洋に注ぐ鵡川の河口付近に位置し、現在は日高本線の単独駅となっている。鵡川沿いに進む富内線は、途中で鵡川と分かれて、今度は沙流川を遡って日高町駅に至っていた。（国土地理院発行「1/200,000地形図」）

万字線・夕張線の沿線（昭和47年）

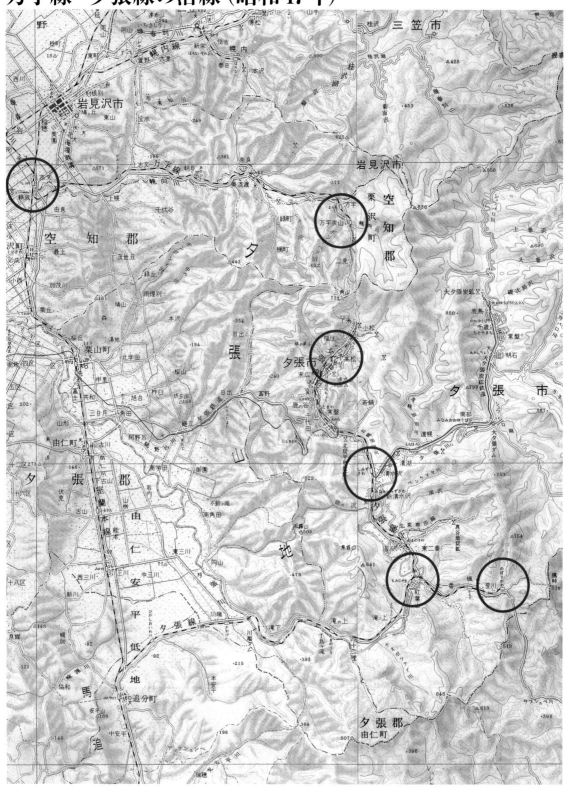

室蘭本線の志文駅から万字炭山駅に至っていた万字線。また、追分駅と夕張駅を結んでいた夕張線路線の地図である。夕張線には紅葉山（現・新夕張）〜登川間の登川支線があり、途中の清水沢駅からは大夕張炭山駅に至る三菱石炭鉱業大夕張鉄道線が分かれていた。夕張線の一部は現在、石勝線に編入されている。（国土地理院発行「1/200,000地形図」）

士幌線（部分）の沿線（昭和48年）

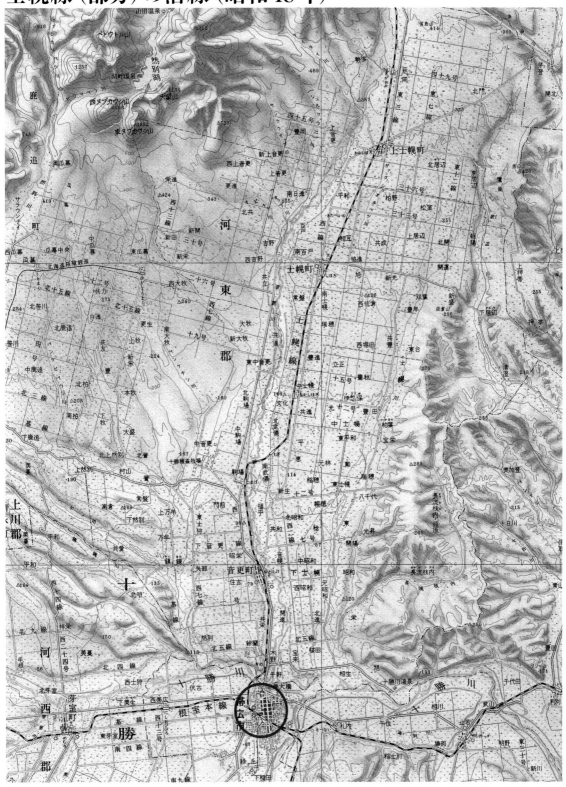

根室本線の帯広駅と十勝三股駅を結んでいた士幌線の南側地図で、萩ヶ岡駅までが含まれている。中央やや上に見える士幌駅、上士幌駅が、線名の由来になった沿線の主要駅である。両駅の北西に見える然別湖は、大雪山国立公園の観光地で、然別湖畔温泉、山田温泉があるが、最寄り駅は帯広駅・新得駅である。（国土地理院発行「1/200,000地形図」）

広尾線（部分）の沿線（昭和41年）

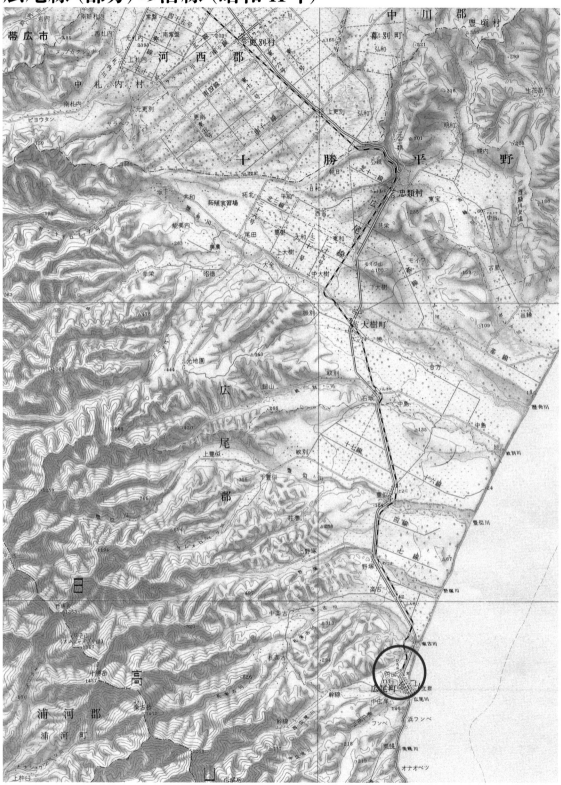

「愛の国から幸福へ」の切符で話題になった広尾線の南側の路線で、北側にある愛国駅や幸福駅は含まれていない。帯広駅から南側に延びる広尾線は十勝平野を下ってゆき、太平洋沿岸の広尾駅に至っていたが、その先の様似駅への路線は開通できなかった。現在は十勝バスの広尾線が、鉄道に代わる地元民の足となっている。（国土地理院発行「1/200,000地形図」）

池北線（部分）の沿線（昭和48年）

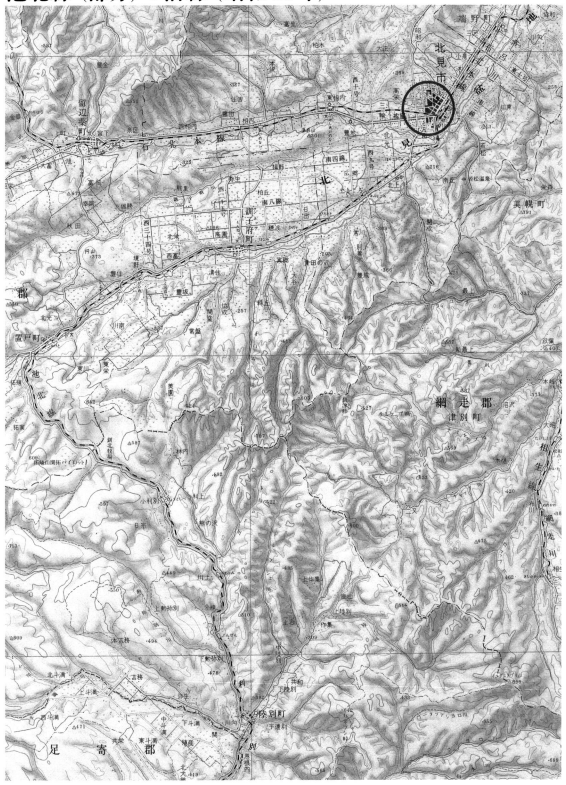

池田駅と北見駅を結んでいた池北線は、全長約140キロの長い路線で、陸別〜北見間の北側の路線が地図に含まれている。池北線は1989（平成元）年に北海道ちほく高原鉄道ふるさと銀河線に変わり、2006（平成18）年に廃止されたが、陸別駅はトロッコ、運転体験のできる鉄道保存展示施設として残されている。（国土地理院発行「1/200,000地形図」）

胆振線
いぶりせん

秋の刈り取りが済んだ風景を走るキハ22の3連。伊達市は北海道にしては温暖な気候と言われる。写真中ほどに昭和新山、写真左側に有珠山を望むビューポイント。写真の2年前、1977 (昭和52) 年8月に有珠山が噴火。伊達紋別～新大滝間が運転の見合わせを行い、有珠山に近い伊達紋別～久保内間の完全な復旧は9月末だった。
◎伊達紋別～上長和　1979 (昭和54) 年11月7日

内浦湾（噴火湾）に面した現・伊達市の空撮である。地名の「伊達」は、明治維新時に宮城県の亘理伊達氏が集団移住し、街が発展したことによる。かつての地名は「紋鼈（もんべつ）」で、「紋別」と変えたものが街の玄関口、伊達紋別駅の名称になっている。駅は1925（大正14）年に開業、構造は単式・島式を組み合わせた2面3線のホームをもち、跨線橋が見えている。市内を貫く2本の道路は、右側が錦大通（道道779号）、左側が胆振国道（国道37号）である。撮影：朝日新聞社

昭和新山を背に走るキハ22の2連。羊蹄山と並ぶ胆振線の名撮影スポットだ。昭和新山は第二次世界大戦中の活発な噴火によって誕生した溶岩ドームで特別天然記念物に指定されている。昭和新山の出現で、付近の一部の路線が噴火前と噴火後で変更されている。
◎壮瞥〜上長和
1982（昭和57）年3月24日

2灯の前照灯を灯し、踏切に差し掛かったキハ22の一般色と朱色の2連。本州ではすっかり春なのに、やはり北海道では3月下旬でも寒く、降雪がある。北海道の雪景色には、酷寒用のキハ22がよく似合う。
◎壮瞥〜上長和　1982（昭和57）年3月24日

壮瞥〜上長和間は、昭和新山と胆振線を一緒に撮影できたスポット。溶岩ドームならではの独特な山容を胆振線と絡めて撮
影したファンは多い。写真のように昭和新山を横に置いたり、またはサイドから背景にしたりと、色々な構図で撮影を楽し
めた。◎1980（昭和55）年7月12日

キハ22は、実に北海道の雪景色によく似合う。キハ22の背後に有珠山が横たわり、その左横に昭和新山の溶岩ドームが望める。
昭和新山が誕生したのは、戦中のこと。1943（昭和18）年12月に始まった火山活動は翌年以降も続き、その影響で壮瞥界隈の
線路が隆起した。特に上長流（後の上長和）～壮瞥間で頻発し、線路を直しても、繰り返される火山活動で再び崩壊が起こり、
苦労の連続だった。◎壮瞥～久保内　1982（昭和57）年4月1日

長流川をガーダー橋で渡るキハ22の2連。長流川は「おさるがわ」と読む。緑に覆われた夏の北海道。本州とは異なる爽快な風を感じさせてくれる雄大な景色の中を走る。ちょうど橋梁部分だけ樹木がなく、鉄橋を行き交うキハ22を撮影できた。
◎久保内～蟠渓　1980（昭和55）年7月12日

伊達紋別～新大滝間は、元は胆振縦貫鉄道が開業した区間。1944（昭和19）年の国有化で胆振線となった。写真は、北湯沢～
優徳間を走る首都圏色のキハ22の2連。草の薫りがしてきそうな夏の短い北海道を感じさせる。昭和50年代までは多くの北
海道のローカル線が現役だった。しかし、国鉄分割民営化を前にして廃止が進み、胆振線も写真の6年後、1986（昭和61）年
11月に全線廃止となった。◎北湯沢～優徳　1980（昭和55）年7月12日

雪景色の長流川とキハ22の朱色。長流川は、白老岳に水源があり、噴火湾とも呼ばれる内浦湾へ注ぐ河川で、北湯沢から蟠渓にかけては、北から南へ向かって流れているが、蟠渓を過ぎると東から西へ向かう流れに変わる。大正時代までは、長流川上流域で伐採されたエゾマツの丸太を長流川へ流して送る流送が行われていた。
◎蟠渓〜北湯沢
1982(昭和57)年3月24日

陽射しを受けて残雪の中を走るキハ22の朱色。4月になってようやく線路の雪が溶けて枕木やバラストが見えてきた様子。周りの地肌も姿を現し始めている。このあたりは特別豪雪地帯に指定されている地域。線路の雪が解けても、沿線には根雪が残っている。◎優徳〜北湯沢　1982(昭和57)年4月1日

雪の築堤を走る9600形。蒸気機関車が走っていた当時の新大滝駅には転車台があった。同駅は、1940（昭和15）年に胆振縦貫鉄道の徳舜瞥駅として開業し、1952（昭和27）年に新大滝駅へ改称した。徳舜瞥とは駅の東方にあった鉱山や改称前の村の名で、大滝村へ改称後に駅名にも大滝が付けられた。大滝の名の由来となった三階滝が有名である。ちなみに、新大滝〜御園間には乗降客が居なくなったことで1985（昭和60）年に廃止された尾路遠仮乗降場があった。
◎御園〜新大滝（撮影区間不詳）1973（昭和48）年4月7日

2灯の前照灯が印象的な9600形の79618が白樺の林を見ながら力走する。警戒のゼブラ模様がないうえに、二つ目を備えた
キューロクは人気で、SLブームの頃は多くの撮影者が訪れた。胆振線を走る9600形が配置された倶知安機関区へも、二つ目
のキューロクを撮影したいファンが本州からよく訪れた。◎優徳〜新大滝　1972（昭和47）年10月15日

キューロクこと9600形が煙を棚引かせて優徳〜新大滝間を走る。胆振線の無煙化は、この写真の1年後、1973（昭和48）年のことだった。優徳駅跡付近から新大滝駅跡手前までは、廃線跡を利用したサイクリングロード「平成ふるさとの道」になっている。◎1972（昭和47）年10月15日

北鈴川駅を発車すると西へ進路を変えて、やがて北進する線形。4月になっても雪が解けず、根雪になっている沿線をキューロクこと9600形蒸気機関車が走り去る。尻別川や喜茂別川を渡ると、喜茂別駅だった。駅は喜茂別の市街地の端にあり、跡地には記念碑が建立されている。◎北鈴川〜喜茂別　1973（昭和48）年4月7日

冠雪した羊蹄山の麓を走るキハ22の2連。まるで富士山のような姿から蝦夷富士とも言われる胆振線沿線のハイライト。標高は1898mで、日本百名山のひとつに数えられている。伊達紋別側は昭和新山、倶知安側には羊蹄山があり、胆振線は山好きな鉄道ファンにとって堪らない路線だった。◎寒別〜参郷　1973(昭和48)年4月7日

紅葉の景色の中、2灯の前照灯を備えた9600形79618がやってきた。胆振線はカーブが多く二つ目と呼ばれた2灯の前照灯を装備。煙突後方の給水温め器でボイラーの水が冷めないようにしていた。沿線の京極町は羊蹄山の麓に位置し、羊蹄山からの湧水が有名。京極の地名は、農場を開拓した京極家に由来する。◎京極〜北岡　1972（昭和47）年10月15日

京極〜脇方間は、脇方で産出される鉄鉱石輸送を担うため、日本製鋼所が建設を行い、開業にそなえて国有化した路線。国有鉄道の京極軽便線倶知安〜京極間を延伸するかたちで1920（大正9）年7月に開業した。ちなみに胆振線となったのは1944（昭和19）年のこと。写真は昭和30年代の脇方駅。閑散線区で活躍したキハ01形が写る。京極〜脇方間は鉱山閉山の翌年、1970（昭和45）年11月に廃止された。◎脇方　1961（昭和36）年6月7日　撮影：荻原二郎

富内線

とみうちせん

鵡川の流れに沿って走るキハ21の一般色と首都圏色。鵡川は日高山脈を水源とし、やがて大河となって蛇行を繰り返しながら太平洋へ注いでいる。沿線自治体の鵡川町は、2006（平成18）年にむかわ町となった。
◎旭岡～春日
1979（昭和54）年11月6日

一見すると、北海道というより本州の路線のような風景。キハ21の首都圏色と一般色の2連が秋の富内線を走る。富内線は日高本線鵡川駅から分岐し、豊城駅、春日駅と続く。両駅ともに、北海道鉄道が国有化されて富内線へ改称した時に駅名が改称され、1943（昭和18年）8月に上鵡川→豊城、崩別→春日となった。富内線には、他にもこの時に駅名改称した駅が多い。
◎豊城～春日　1979（昭和54）年11月6日

紅葉の中、鵡川沿いを走るキハ22。明るい朱色と紅葉がよくマッチしている。富内駅までは1923（大正12）年に開業。当時の駅名は邊富内（へとない）だった。かつては給水塔や機関庫などがある駅でもあった。現在は「富内銀河ステーション」として整備され、駅舎やホーム、レールなどのほか、旧型客車が展示されている。◎富内〜穂別　1981（昭和56）年10月17日

富内〜穂別間の鵡川の川畔に聳える山の鮮やかな紅葉。険しさを見せる姿はまるで庭石を感じさせてくれる。鵡川の流れとともにまるで日本庭園のような景色だ。そこを紅葉に合わせたかのような朱色のキハ22が走り抜けていく。
◎1981（昭和56）年10月17日

コンクリート製のめがね橋を渡るキハ21。富内線の人気撮影スポットで、絵になるところだった。富内から先、幌毛志、振内
までは、1958（昭和33）年に延伸開業した区間である。富内線には、富内や振内発着の区間列車も運行されていた。
◎富内〜幌毛志　1980（昭和55）年 7 月21日

第4沙流川橋梁を渡るキハ22の2連。雄大な自然に架かっていた橋梁である。ガーダー橋には、白ペンキで第4沙流川橋りょうと書かれている。川は「さるがわ」と読む。沙流川は太平洋へ流れ込む一級河川で、水質が良いことで知られている。
◎日高岩内～岩知志　1980（昭和55）年7月21日

ょ　う

駅前には広い公園が整備されていた。公園には、写真のような花壇のほか、池や庭石がありイチイの巨木も立っていた。写真左側にキハ22が写るが、その手前には貨物用の副本線と貨物用ホームがあり、木材などが運ばれた。
◎日高町　1980（昭和55）年7月21日

日高町の駅名標が立つ島式ホームと駅舎（奥）。キハ22の一般色が停車中で、酷寒地用の特徴である二重窓が並ぶ。富内線の列車は一部を除き苫小牧駅との直通運転が行われていた。駅舎の背景には、駅前にあった巨木が写っている。
◎日高町　1980（昭和55）年7月21日

終着駅らしい雰囲気が漂っていた日高町駅。キハ22の向うに写るのは貨物ホームの上屋（38ページ上写真の左側参照）。写真右側が鵡川方で左側が終端部方。この先、石勝線占冠〜根室本線金山方面へ抜ける延伸計画があったが凍結した。駅は島式ホームを囲む本線2線に加えて本線外側に1線ずつの副本線を備えていた。キハ22の2両目向うには貨物用ホームに停車中の貨車が写る。◎日高町　1980（昭和55）年7月21日

万字線

まんじせん

刈り取りがすっかり終わった秋の田ん
ぼを走るキハ40とキハ27の２連。北海
道の寒気がもうすぐそこまで近づきつ
つある季節、澄み切った空気と青い空
が印象的だ。万字線は室蘭本線の志文
駅から分岐していたが、列車の運行は
岩見沢駅へ直通運転していた。
◎上志文～志文
1981（昭和56）年10月７日

平坦地に降り積もった雪景色が美しい
上志文～志文間。万字線は炭鉱ローカ
ル線である一方で、上志文駅前には、
岩見沢萩の山市民スキー場があり、冬
期になると万字線でスキーヤーが訪れ
た。「上志文銀嶺号」という臨時列車が
札幌～上志文間で運行された時期もあ
り、臨時列車の所要時間は1時間ほど
だった。
◎上志文～志文
1982（昭和57）年3月28日

志文から平坦地をしばらく走った万字線は、上志文を過ぎるとやがてそれまでの景色とは打って変わったような山間部へ分け入る。山間に炭鉱のあるローカル線ではよくあるパターンで、山間路線の色合いが濃くなり、ディーゼル音を唸らせながら大自然を走った。写真の川は幌向川である。◎上志文〜朝日　1982（昭和57）年3月28日

写真は、キハ40＋キハ27＋キハ22＋キハ40の4連。当時はまだ新型の部類だったキハ40に、急行型のキハ27と一般形のキハ22が挟まる。今日のローカル線ではなかなか4両編成さえ見られないが、当時はこのような色々な形式が連結された編成をローカル線でもよく見掛け、好みと気分で乗り分ける楽しさがあった。◎朝日～上志文　1982（昭和57）年3月28日

蛇行を繰り返す幌向川と万字線を絡めて撮影できた美流渡〜万字間。紅葉に入った時期の表情は、冬の厳しい雪景色とはまるで異なり、川の表情も穏やかで、秋の万字線の旅を演出した。美流渡駅跡には、駅跡の記念碑がある。
◎1981（昭和56）年10月7日

春遠い万字線の景色。本州ではすでに春を迎えている時期でも、そこは北海道である。凍てつく幌向川の向こうに山裾を走る２両のディーゼルカーが写り、まるで水墨画のような景色だ。美流渡は「みると」と読み、アイヌ語で山の間にある川をさす。
◎万字～美流渡　1982（昭和57）年３月28日

旅客ホームと駅舎や貨物側線跡の位置関係がよくわかる写真。奥が岩見沢・志文方で、キハ22の朱色が停車する位置が旅客ホーム。そして手前が貨物側線跡と駅舎。1978（昭和53）年に万字炭山駅は貨物取扱いを廃止。写真は貨物取扱い廃止1年後の貨物側線の様子である。◎万字炭山　1979（昭和54）年10月31日

側線が並び炭鉱の駅らしい雰囲気だった万字炭山駅。奥には万字炭鉱の諸施設が写り、その手前には貨物ホームの姿も見られる。旅客用ホームは写真右側の先（志文方）にあり、写真中央に写る駅舎とは離れていた。万字炭鉱は1976（昭和51）年に閉山。その後、写真奥に写る炭鉱の諸施設が解体された。
◎万字炭山　1973（昭和48）年10月13日

上屋もなく飾り気のない砂利敷きだった万字炭山駅のホーム。炭鉱輸送がメインで旅客輸送はその次という、いかにも炭鉱ローカル線らしい旅客用ホームだった。写真は、炭鉱跡や駅舎側から見た様子で、キハ22＋キハ56が停車する。この後、キハ56が先頭で折り返し列車が発車していく。
◎万字炭山
1979（昭和54）年10月31日

万字炭山駅の駅舎は、1967（昭和42）年に改築された。写真はその改築後、6年ほど経過した時の写真。簡易的なスレート造りの駅舎だが、万字線の中では比較的立派な部類だった。駅は万字線廃止とともに1985（昭和60）年に廃駅となったが、廃駅後もこの駅舎は残され、数少ない山間の建物として住宅や山荘として活用された。比較的近年まで残存していたが、2013（平成25）年に解体されて姿を消した。
◎万字炭山
1973（昭和48）年10月13日

夕張線

ゆうばりせん

夕張線の支線として紅葉山駅から分岐していた登川支線。写真は、紅葉山〜楓間を走る単行のキハ22。紅葉山、楓と季節感が漂う駅名が続いた。登川支線は、石勝線開業前の1981（昭和56）年7月に廃止となり、紅葉山駅は少し移設して石勝線の新夕張駅に改称、楓駅は石勝線上の新設駅として開業し、2004（平成16）年に旅客営業を廃止して楓信号場となった。
◎1979（昭和54）年10月30日

在りし日の登川駅を俯瞰した写真。写真から見て駅舎の右側に単式ホーム1面1線の旅客線があり、石炭や木材運搬用の線路が並んでいた。登川駅は、三井鉱山の専用線の駅として1911（明治44）年に開業した歴史のある駅だった。1916（大正5）年に専用線が国有化されたため、夕張線の支線の駅になった。駅舎はこの国有化時に建てられた木造駅舎と伝わる。
◎登川　1973（昭和48）年10月14日

雨上がりの朝、D51形285号機牽引の貨物
列車がやってきた。夕張線と言えば運炭
列車のイメージが強いが、写真のように
運炭列車以外の貨物列車も見られた。こ
の機関車の煙突も円形ではなく細長い逆
台形で、石炭の量を減らしても牽引力を
キープできるギースル・エジェクタを装
備したD51である。
◎紅葉山〜沼ノ沢
1972(昭和47)年10月17日

空のホッパー車を連ねて夕張へ向かうD
51。黒ダイヤと呼ばれ、北海道の主力産
業だった石炭産業。運炭列車が行き来す
る姿は、まさにその象徴的な存在だった。
紅葉山という駅名から連想される北海道
の早い紅葉風景の中を走る。
◎紅葉山〜沼ノ沢
1972(昭和47)年10月16日

夕張川をガーダー橋で渡るD51の運炭列車。石炭を積み込むためのホッパ車が連なり、ガーダー橋から小刻みなジョイント
音が響いてきそうな写真である。写真手前にはイチゴ畑が広がり、収穫の頃には甘い香りがしたことだろう。
◎紅葉山～沼ノ沢　1972(昭和47)年6月21日

４月の雪景色の中、夕張川を渡るＤ51牽引の貨物列車。夕張川は屈曲した川のため、紅葉山駅を発車して夕張川を渡ると、川が遠くなったり近づいたりしながら沼ノ沢へ向かった。かつての沼ノ沢駅からは、真谷地炭鉱への専用鉄道が分岐し、駅には側線が並んでいた。◎紅葉山～沼ノ沢　1973（昭和48）年４月４日

煙室扉に団結の文字が書かれたD51形117号機が黒煙を上げる。炭鉱の仕事は危険と隣り合わせだった。労使交渉も度々行われ、炭鉱夫の結束は固かった。このような結束は、当時の国鉄でもあり、蒸気機関車や貨車には、労使交渉などのスローガンが白いペンキで書かれることが多かった。◎沼ノ沢～南清水沢　1973（昭和48）年4月4日

夕張線のD51は、1000トンを超える運炭列車を単機で牽引していた。そのため、燃焼効率の高いギースル・エジェクタを装備したD51が追分機関区に重点配置された。ギースル・エジェクタ装備のD51には、通常の円い煙突ではなく、細長い煙突が取り付けられ、横から見ると逆台形をしていた。◎清水沢〜沼ノ沢（撮影区間不詳）1973（昭和48）年10月14日

夕張川と清水沢ダムが見える夕
張市清水沢地区付近の空撮であ
る。ここには北海道炭礦汽船の
清水沢炭鉱があり、北炭が清水
沢ダム、清水沢発電所を建設し
た。写真下を左右に走る国鉄夕
張線には清水沢駅が置かれてお
り、大きくカーブしながら夕張
川沿いに向かうのは三菱石炭鉱
業大夕張鉄道線である。駅の上
側に見える清水沢小学校は1989
（平成元）年に統合のために閉校
している。すり鉢状に見えるズ
リ山は、石炭採掘時に選炭され
て捨てられた石でできたもので
ある。撮影：朝日新聞社

夕張駅や周辺を引いて俯瞰した写真。山々が迫る地形の中、谷間に拓けた夕張駅と周辺の様子が伝わる。炭住と呼ばれた炭鉱住宅が山の斜面に建ち並び、谷間の中心に夕張駅や隣接の北炭夕張炭鉱の施設が見渡せる。北炭の施設では、選炭や貨車への積み込みが行われた。◎夕張　1979（昭和54）年10月31日

追分機関区を出庫し、夕張へ向けて出発したD51形333号機。夕張線で運用されるD51は追分機関区配置。同機関区は、室蘭本線と夕張線が交わる石炭輸送の重要地点に位置し、国鉄蒸気機関車が最後まで活躍した機関区として知られた。
◎追分〜川端　1975（昭和50）年5月16日

夕張線当時の川端〜滝ノ上間を走るキハ22。1981（昭和56）年10月に夕張線追分〜紅葉山間は石勝線となり、同区間内にある川端〜滝ノ上間も夕張線から石勝線となった。川端とは、夕張川に近い川端が由来とされ、滝ノ上は、千鳥ヶ滝の上に由来するとされている。◎川端〜滝ノ上　1972（昭和47）年10月16日

　1両や2両が多い現在のローカル線だと気動車の3両編成でも長く感じてしまう。だが、当時の国鉄ローカル線では3両編成はよく見掛け、国鉄色のツートンカラーも多数走っていた。いわゆる国鉄色は日本の風景にマッチする配色で、写真のキハ22と紅葉の風景がとてもよく似合っている。◎川端〜滝ノ上　1979（昭和54）年10月30日

　夕張川を渡るD51牽引の運炭列車。棚引く煙とともに風光明媚なロケーションを走る。ガーダー橋に差し掛かったD51の鼓動が聞こえてきそうだ。このD51は煙突が円形ではなく細長い逆台形で、石炭を節約しつつ、牽引力をアップできるギースル・エジェクタ装備のD51だ。5月中頃から6月にかけての北海道は日照時間が大変長く、蒸気機関車撮影にとっても最適な季節到来だった。◎滝ノ上〜川端　1975（昭和50）年5月16日

滝ノ上〜川端間を走るD51形828号機。炭鉱で産出された石炭を黙々と力強く運び続けたD51。夕張線は1975（昭和50）年12月24日の運行をもって無煙化され、この年は夕張線の蒸気機関車を撮影できる最後の年だった。滝ノ上〜川端間は撮影地が多く、道外からも多くのカメラマンが訪れていた。◎1975（昭和50）年5月16日

滝ノ上〜十三里間のカーブを走るD51牽引の運炭列車。十三里は「とみさと」と呼ぶが、由来は追分駅から13哩(マイル)だったことによるもの。付近に十三哩橋がある。2016(平成28)年に旅客営業を廃止し、十三里信号場となった。
◎滝ノ上〜十三里　1972(昭和47)年10月17日

帯広～木野間を走るキハ22一般色とキハ40の2連。木野駅は河東郡音更町に所在した駅で、音更町は帯広市のベッドタウンとして人口が多い町。写真当時も人口が増え続けていた時代で、写真の背景を見ると、比較的新しい住宅が連なって建っているのがわかる。◎帯広～木野　1979（昭和54）年11月5日

十勝川を渡る9600形牽引の貨物列車。十勝川は、帯広市街地から見て北に位置する。編成の途中にはタンク車も見られる。氷結したような大河を渡る蒸気機関車のシーンは北海道ならでは。バック運転の9600形からは白い煙が上がり、冬の張りつめた空気の空へ向かって流れていった。◎帯広〜木野 1973（昭和48）年3月2日

バック運転の9600形牽引貨物列車。機
関車次位には車掌車が連結され、古きよ
き時代のひとコマである。バック運転
は転車台を持たない駅からの折り返し
で行われ、終着駅の十勝三股駅には転車
台が存在していたため、上士幌駅からの
折り返し貨物列車と推測される。
◎駒場～中士幌（撮影区間不詳）
1973（昭和48）年3月2日

煙を棚引かせながら、ガーダー橋が連なる音更川を渡る9600形牽引の貨物列車。当時の士幌線では蒸気機関車牽引による貨物列車が日常的に見られ、沿線の人々の中にも士幌線の思い出として残っている人が多い。士幌駅跡の士幌交通公園では、駅舎、ホーム、駅名標のほか、貨車や車掌車も展示され、貨物輸送の歴史を今に伝えている。
◎駒場～武儀
1973（昭和48）年10月5日

煤けた感じが現役蒸気機関車らしさを感じさせてくれる。士幌線の9600形は、広尾線で運用の9600形と同じ帯広機関区配置の蒸気機関車。写真の9600形19671号機は、広尾線愛国駅跡の愛国交通記念館で静態保存され、現在もプラットホーム跡に停車するような形で屋外展示されている。◎中士幌～士幌　1973（昭和48）年10月5日

糠平〜電力所前仮乗降場間を走る帯広行で、キハ40＋キハ22の２連が糠平湖畔を行く。電力所前仮乗降場は1963（昭和38）年に黒石平〜糠平間に開業。ダムや発電所関係者の利便を考えて設置された。上り列車のみ停車し下り列車は通過とし、これにより黒石平駅は下り列車のみ停車する駅となった。写真当時に近い「道内時刻表」1982（昭和57）年11月号を参照すると、上記の通り、電力所前仮乗降場は全下り列車が通過、黒石平駅は全上り列車が通過となっている。ただし、全国版の「国鉄監修 交通公社時刻表」1982年11月号では、仮乗降場の掲載が無いため、黒石平駅の欄に電力所前仮乗降場の上り列車の時刻が掲載されている。◎糠平〜電力所前仮乗降場　1981（昭和56）年10月16日

ダム湖の糠平湖の湖畔を走るキハ22の2連。まるでジオラマのような景観だ。ダム建設のため、新たに敷設された新線の景色もなかなかのものだった。新線を走る列車の反対側の湖底には旧線が沈んでいる。冬期になると湖は氷に覆われる。
◎電力所前仮乗降場～糠平　1981（昭和56）年10月16日

1981（昭和56）年当時の糠平駅を俯瞰した写真。1927（昭和12）年、清水谷駅からの延伸で糠平駅開業。1955（昭和30）年に糠平ダム建設に伴い駅が移転した。1978（昭和53）年から糠平～十勝三股間の列車運行が休止され、同区間はマイクロバスによる代行輸送となり、以後、糠平駅が列車で来られる終着駅となった。廃線後、駅跡地は上士幌町鉄道資料館として整備された。
◎糠平　1981（昭和56）年10月16日

写真右奥にダム湖の糠平湖を望みながら、美しいアーチ橋を渡る9600形牽引の貨物列車。糠平ダム建設に伴い、1955（昭和30）年に清水谷～糠平～幌加間が新線となり、その新線に建設されたアーチ橋のひとつが、写真の三の沢橋梁である。蒸気機関車が渡るシーンは、まさしく鉄道絶景であった。また、この北側にはダム建設で湖底へ沈んだ士幌線旧線のタウシュベツ川橋梁があり、ダムの水位によってアーチ橋が姿を現すことで知られている。◎幌加～糠平　1973（昭和48）年10月5日

十勝三股駅南側から見た駅構内の様子。手前が蒸気機関車の入出区線で、その奥が転車台。写真は9600形が給水をしている
シーン。写真左奥が駅舎と旅客線や貨物線。かつては、木材輸送で賑わった十勝三股駅。林業が盛んだった時代には、駅周
辺に営林署のストックヤードが設けられ、森林鉄道の軌道も敷かれていた。◎十勝三股　1973（昭和48）年10月5日

十勝三股駅の転車台とキューロクこと9600形。警戒を示すゼブラマークが炭水車にも見られる。十勝三股駅の構内南側には
入出区線があり、転車台や給水塔、車庫が備わっていた。ターンテーブルの回転する音が士幌線北端の終着駅に響いてきそ
うな在りし日の写真。士幌線帯広〜十勝三股間は78.3kmのロングラン。休息した後は、帯広へ向けて再び力走した。
◎十勝三股　1973（昭和48）年10月5日

広尾線

ひろおせん

札内川を渡る9600形牽引の貨物列車。奥に見えるのは根室本線。広尾線は帯広駅を出るとしばらくは根室本線と並んで走り、札内川を前にして分岐していた。1996（平成8）年に帯広駅や周辺が連続立体交差事業により高架化されたため、広尾線の痕跡は見られないが、根室本線から分岐したあたりから札内川手前までの廃線跡が公園の遊歩道になっており、転轍器や車輪のモニュメントなどがある。◎依田～帯広　1973（昭和48）年3月1日

上側を流れる十勝川の南側に開かれた帯広市は、十勝平野のほぼ中央に位置し、米・ワシントンDCを模範にした街づくりがなされている。街には碁盤の目の美しい街区が広がり、現在の人口は約16万人、道東では最大である。写真中央やや右下に見えるのは、根室本線の主要駅である帯広駅で、1905（明治38）年に開業している。この時期は士幌線、広尾線との接続駅で、駅南側に国鉄の池田機関区帯広支区があった。その後、帯広運転所に変わって1992（平成4）年に移転している。
撮影：朝日新聞社

真っ直ぐ伸びるレールの上を走り、腕木式信号機が線路際に立つ。広尾線の定期列車の本数は１日６往復で、全て帯広〜広尾間の運行で区間列車は無かった。定期列車の運行本数や区間は、広尾線が廃止される1987（昭和62）年まで変わらずに続いた。◎愛国〜大正　1980（昭和55）年７月20日

1956（昭和31）年に幸福仮乗降場が開業。同年に駅へ昇格して幸福駅となった。写真は、懐かしい鳥居型の駅名標が立っていた頃の幸福駅。単式ホーム1面1線の駅で、ブーム到来までは乗降客が少ない駅だったが、一躍若者のメッカ的な存在となり、カップルや若者が乗り降りするようになった。現在もプラットホームが保存され、現役当時の雰囲気を味わうことができる。
◎幸福　1975（昭和50）年5月28日

十勝地方らしい大平原の雪景色の中、力強く煙を棚引かせながら走る9600形牽引の貨物列車。広尾線を走る9600形は帯広機関区に配置され、帯広から80km以上離れた広尾へ物資を運び続けた。カーブ区間を走るこの撮影地は、蒸気機関車ファンにとって格好の撮影スポットだった。◎中札内〜更別　1973（昭和48）年3月1日

通学と観光輸送のイメージがある広尾線だが、他のローカル線同様に、当時は広尾線でも貨物列車が運行されていた。写真は、上更別〜忠類間の勾配を走る9600形蒸気機関車牽引の貨物列車。煙室扉などに労働運動のスローガンが白文字で記され、当時を物語っている。◎上更別〜忠類　1972（昭和47）年10月27日

踏切を通過するキューロクこと9600形。日常的に見られた広尾線の9600形も無煙化によって姿を消す日が訪れ、1975（昭和50）年5月3日に9600形重連によるSLお別れ列車が帯広〜広尾間で運行された。愛国駅跡の愛国交通記念館には、9600形蒸気機関車の19671号機が静態で保存展示されている。◎新生〜広尾　1973（昭和48）年3月1日

木造駅舎だった1975（昭和50）年当時の愛国駅舎。現在、資料館となっている駅舎は、1979（昭和54）年8月に改築された駅舎で、写真の駅舎は、改築前の旧駅舎時代。愛国駅と言えば、幸福駅とともに「愛の国から幸福へ」で知られた駅。1972（昭和47）年放送のNHK新日本紀行により全国に知られ、愛国から幸福行の乗車券が大ブームとなった。駅跡の「愛国交通記念館」には、切符型の記念碑が建立されている。
◎愛国
1975（昭和50）年5月28日

幸福の地名や駅名の由来は、幸震村が福井からの移住者で占められ、福井の福があてられて幸福になったと伝わる。愛国駅同様、NHKの新日本紀行で全国的に有名となり、「愛の国から幸福へ」の切符が大人気に。観光バスでも観光客が訪れるほどの観光地となった。ブーム以降、駅舎には多数の名刺や定期券などが貼り付けられ、その姿も全国的に知られた。廃止後も訪れる観光客は多く、駅舎やホーム、レールや駅名標を残して公園として整備され、キハ22も展示。駅舎は外壁板を活かして2013（平成25）年に建て替えが行われた。
◎幸福
1980（昭和55）年7月20日

大正から幸福行の切符が「たいそう幸福」として知られた。1929（昭和4）年に幸震駅として開業し、1944（昭和19）年に大正駅へ改称した。広尾線廃止後も駅舎やホームが残され、新幹線0系の先頭車とともに保存されていたが、新幹線0系は池田町の宿泊施設「ワインの国」へ移り、先頭部を残したカット状態で保存されている。一方、駅舎とホームは1997（平成9）年に解体され、現在は駅舎を模したトイレとレプリカのホームになっている。
◎大正
1982（昭和57）年6月28日

北海道らしい酪農風景の中を走る広尾線。沿線の大樹町の主要産業は酪農。牧場の牛舎や飼料を貯蔵しておくサイロなど、大自然の営みとともに広尾線は走っていた。大樹駅の開業は1930（昭和５）年で、一方の石坂駅は、1932（昭和７）年の広尾延伸時に開業した。ちなみに、駅名の石坂とは、明治時代に農地を開拓した石坂善七に由来する。
◎石坂～大樹　1979（昭和54）年11月５日

夜の広尾駅に停車する北海道仕様のキハ12形が写る。白熱灯による車内の灯りが昭和の温もりを感じさせてくれる。キハ12形はキハ11形の100番台を二重窓にするなど、北海道用の耐寒仕様としたもので、キハ21形とともにバス窓も特徴だった。キハ22形に比べて狭幅車で、座席のシートピッチが狭かった。キハ12形は少数派だったが、池田機関区にはキハ12形が多く所属し、広尾線、士幌線、池北線で運用された。
◎広尾　1973（昭和48）年10月4日

広尾駅の転車台と9600形。転車台とともに給水塔も備えていた。帯広と十勝港を結ぶ目的で開通した広尾線。終着駅の広尾駅には側線が並び、貨物の積み下ろしなどを行う分岐線も存在した。帯広〜広尾間の営業キロは84km。支線のローカル線にしては長い距離で、9600形は広尾で一時の休息を経て、再び帯広へ向かって力走を続けた。
◎広尾　1973（昭和48）年3月1日

1932（昭和7）年に大樹駅から延伸して広尾線が全通。同時に広尾駅が開業した。写真は1977（昭和52）年竣工の駅舎で、船底をイメージしたデザインだった。広尾駅は日高本線様似駅と国鉄連絡運輸を行う駅で、国鉄バス日勝線の発着駅でもあった。1987（昭和62）年に広尾線が廃止され、駅舎は広尾町鉄道記念館となり、バスターミナルの待合室としても使用されてきたが、2018（平成30）年に駅舎を解体。新たに待合室が建てられたが、鉄道資料は町内の博物館へ移された。
◎広尾　1979（昭和54）年11月5日

池北線
ちほくせん

秋の刈り入れ風景とC58牽引の貨物列車。貨車には沿線産出の材木が積載され、秋の刈り取り風景とともに、沿線が元気だったことが伝わってくる。このような、沿線の生活を絡めた風物詩的な写真は、当時の日本を記録した貴重な写真と言える。
◎仙美里〜本別　1973（昭和48）年10月6日

本格的な冬期が訪れる前の秋の池北線を走るキハ40形100番台。キハ40形100番台は、北海道向けの酷寒地用気動車。1977（昭和52）年から製造が開始され、1970年代後半から1980年代にかけて、北海道の様々な路線へ投入されていった。写真のキハ40形100番台はまだ真新しい様子。◎仙美里～本別　1979（昭和54）年11月2日

本別町の麦畑を走るキハ22の一般色。国鉄色カラーは、実に日本の風景とマッチした配色だ。本別町の代表駅本別駅は1910(明治43)年に開業。長い間「ぽんべつ」という読みの駅名だったが、1961(昭和36)年に「ほんべつ」となった。
◎仙美里〜本別　1980(昭和55)年7月19日

足寄〜愛冠間を走るキハ22の朱色。愛冠駅は「あいかっぷ」と読み、愛とカップルをかけた愛冠ゆきの乗車券が北海道ちほ
く高原鉄道へ転換後に人気を呼んだ。同鉄道ふるさと銀河線廃止後も、駅跡付近には「ウエディングブリッジ」や「愛の泉」
がある。◎1980（昭和55）年7月19日

DE10が車掌車や貨車を牽引してのんびり走るシーン。足寄駅は足寄町の代表駅だったところで、駅周辺は町の中心地。足寄
町に7駅あった池北線の駅の中で最も池田駅寄りだった。足寄は、アイヌ語の「エショロ・ペツ」が由来。
◎足寄〜愛冠　1980（昭和55）年7月19日

真っ直ぐに伸びる線路上を走るキハ22とキハ40の2連。池北線は池田〜北見間140kmに及ぶ長大な路線だった。1980（昭和55）年12月施行の国鉄再建法で廃止対象路線となったが、同じく廃止対象となった標津線や天北線、名寄本線と同様、路線距離が100km以上の国鉄特定地方交通線だった。◎愛冠〜足寄　1981（昭和56）年10月15日

Ｃ58形牽引の貨物列車が腕木式信号機に差し掛かる。かつては網走とのメインルートで、網走本線の路線名だった。歴史は古く、1910（明治43）年に網走線池田〜淕別（後の陸別）間が開業。翌年には野付牛（現・北見）まで延伸開業し、さらに翌年の1912（大正元）年10月には網走まで全通した。しかし、1932（昭和７）年、石北線が野付牛まで開通すると、道央と網走を結ぶ距離が短い石北線へメインルートが移り、1961（昭和36）年には網走本線北見〜網走間が石北線へ編入するとともに石北本線となり、池田〜北見間は網走本線から池北線へ改称した。◎上利別　1973（昭和48）年３月２日

日本一寒い所と呼ばれるこのあたり。池北線沿線の陸別町は、山に囲まれた盆地でマイナス30度以下に下がることも珍しくない。そんな酷寒地をC58牽引の貨物列車が煙を棚引かせながら走っている。北海道の厳しい気象条件の中、黙々と走り続けてきた蒸気機関車の雄姿を捉えた写真である。◎大誉地〜陸別（撮影区間不詳） 1973（昭和48）年3月2日

北海道の足寄町に紅葉の季節がやってきた。沿線の木々が少しずつ色づき始めたころだろう。北海道の早い紅葉をかすめながら、C58がドラフト音とともに姿を現す。そして、木材を満載した貨車を牽引して走り去っていった。
◎大誉地～上利別（撮影区間不詳）　1973（昭和48）年10月6日

C58牽引の木材運搬貨物列車が原野を力走する。池北線沿線は大変林業が盛んだったところで、戦前から戦後にかけては、森林鉄道が沿線各地にあった。写真当時は、まだ材木の集散地として駅が機能していた時代で、貯木場へ運ばれた材木は駅で貨車へ積み込まれ、国鉄を使って各地へ運搬されていた。◎陸別〜薫別　1973（昭和48）年10月6日

C58形173号機が煙を上げて置戸〜小利別間を走る。まだ10月だというのに、線路際には霜が降り、酷寒地であることを物語っている。置戸駅は、1911（明治44）年9月に開業。網走支庁で最初の駅であることを記念した「管内最初 明治四四年開駅之碑」が駅跡に立つ。◎置戸〜小利別　1973（昭和48）年10月6日

1989（平成元）年に池北線を第三セクター転換した北海道ちほく高原鉄道が開業。路線名は、ふるさと銀河線となった。写真は置戸駅を発車する北見行。1991（平成3）年11月からは、快速「銀河」が根室本線帯広～池田間に乗り入れ、帯広～北見間の快速となった。◎置戸～豊住　1991（平成3）年9月3日

境野駅付近を走る置戸行の2両編成。北海道ちほく高原鉄道にはCR70形とCR75形があり、両形は同形車。新潟鐵工所製造の酷寒地用軽快気動車で、JR北海道のキハ130形と同形車である。廃線後は、3両がミャンマーへ渡り、6両を陸別町へ譲渡。陸別駅跡を活かした動態保存施設の「ふるさと銀河線りくべつ鉄道」で運転体験や乗車体験に活用されている。
◎1999（平成11）年5月11日

雪の原野を力走するＣ58。車掌車や冷蔵車、有蓋車や無蓋車のほか、荷物車も連結する。当時はローカル線でもこのような貨物列車がよく見られた。境野駅は常呂郡置戸町に所在する駅。オケト原野とクンネップ原野の境から境野という駅名になった。◎西訓子府～境野　1973（昭和48）年３月２日

棚引く煙とともに秋の穀倉地帯を走る
C58牽引の貨物列車。車掌車の次位に
穀物や飼料といった粉粒状物をバラ積
みできるホッパ車が連結されている。
◎上常呂～広郷
1973（昭和48）年10月6日

ローカル線というより、まるで本線みたいな風格の池北線。それもそのはず、かつては網走本線という、れっきとした本線だった。写真にはＣ58牽引の貨物列車が写る。編成途中に荷物車を連結して走っている。写真右側には、今では懐かしい送電線のトンボが写る。
◎西富～境野 (撮影区間不詳)
1972 (昭和47) 年10月21日

池北線を南下する朝の貨物列車。早朝のため太陽がまだ低く、真横からの光線を受けてギラッと光るＣ58が印象的だ。北見〜池田間140km。驀進するＣ58の勇姿は、網走本線と呼ばれた池北線の貫禄を感じさせた。
◎上常呂〜広郷
1972（昭和47）年10月21日

北見駅を発車後、早朝の朝日を浴びるＣ58。写真は、北見市の市街地を抜けて訓子府川を渡るところ。北見〜北光社間では、無加川と訓子府川を渡った。両方ともコンクリート製の橋桁で、写真の訓子府川の橋桁は廃線跡に現存する。一方の無加川の橋桁は、2017（平成29）年12月から撤去工事が行われて姿を消した。
◎北見〜北光社
1973（昭和48）年10月６日

北見市
1959年
（昭和34年）

中央上に見える北見駅には、石北本線などを走る蒸気機関車（SL）のための北見機関区が設置されており、SL用の扇形庫、ターンテーブル（転車台）があった。北見駅は1911（明治44）年に野付牛駅として開業し、1942（昭和17）年に駅名を改称した。北見市もこのときまでは野付牛町だった。駅の北側に見えるのは常呂川で、北に流れてオホーツク海に注いでいる。駅前から延びる中央大通沿いにある小公園は噴水を中心に美しく整備されており、付近には北見赤十字病院などがある。
撮影：朝日新聞社

白糠線は、白糠を発車すると、上白糠、共栄仮乗降場、茶路、縫別、上茶路、下北進、北進の各駅があり、全駅が白糠町に所在した。写真には、急行型気動車のキハ56系が写る。釧路～根室間の急行「ノサップ」の間合い運用で、白糠線への車両送り込みを兼ねて釧路から普通列車として直通する列車もあった。◎茶路～縫別　1981（昭和56）年10月15日

北進駅は白糠線の終着駅で、単式ホーム1面1線だった。写真右側が白糠方面になる。駅舎はなく、写真左側の青い建物が待合室になっていた。運行は1日3往復だけという少なさで、乗り遅れると何時間も待つことになった。まさしく駅しかないような所で、それがまたローカル線好きには魅力的な駅であった。
◎北進　1979（昭和54）年11月2日

北海道の晩秋は本州よりも随分と早い。朝の線路には、11月初めでも写真のように霜が降りている。白糠〜上茶路間は、上茶路〜北進間の延伸開業に先立ち、8年前の1964（昭和39）年に開業した。先行して開業した区間であったため、上茶路〜北進間よりは長く営業したが、それでも開業から廃止まで19年という短い間だった。
◎上茶路〜縫別
1979（昭和54）年11月3日

写真：安田就視（やすだ なるみ）

1931（昭和6）年2月、香川県生まれ、写真家。日本画家の父につき、日本画や漫画を習う。高松市で漆器の蒔絵を描き、彫刻を習う。その後、カメラマンになり大自然の風景に魅せられ、北海道から九州まで全国各地の旅を続ける。蒸気機関車をはじめとする消えゆく昭和の鉄道風景をオールカラーで撮影。

解説：辻 良樹（つじ よしき）

1967（昭和42）年、滋賀県生まれ。東海道本線を走る国鉄時代の列車を見て育つ。北海道から沖縄まで全国を旅する。東京にて鉄道や旅行関係のPR誌編集を経て鉄道フォトライターに。著書に『関西 鉄道考古学探見』『にっぽん列島車両図鑑』（ともに、JTBパブリッシング）『阪神電鉄 山陽電鉄 昭和の記憶』（彩流社）、『日本ののりもの大図鑑1208』（学研パブリッシング）など多数。共著、取材、写真撮影、鉄道と旅に関する講演も多い。古きよき時代の鉄道考察をライフワークとし、廃線跡ツアーなども行う。

【写真提供】
荻原二郎（31ページ下）、朝日新聞社（空撮写真）

【執筆協力】
生田 誠（地図と空撮写真の解説）

オールカラー
北海道の廃線記録
ほっかいどう　　　　はいせんきろく
（室蘭本線、日高本線、根室本線沿線編）
むろらんほんせん　ひだかほんせん　ねむろほんせんえんせんへん

発行日 ………………2021年3月1日　第1刷　　※定価はカバーに表示してあります。

著者 ………………安田就視（写真）、辻 良樹（解説）
発行人 ………………高山和彦
発行所 ………………株式会社フォト・パブリッシング
　　　　　　　　　　〒161-0032　東京都新宿区中落合2-12-26
　　　　　　　　　　TEL.03-6914-0121 FAX.03-5955-8101
発売元 ………………株式会社メディアパル（共同出版者・流通責任者）
　　　　　　　　　　〒162-8710　東京都新宿区東五軒町6-24
　　　　　　　　　　TEL.03-5261-1171 FAX.03-3235-4645
デザイン・DTP ………柏倉栄治（装丁・本文とも）
印刷所 ………………新星社西川印刷株式会社

ISBN978-4-8021-3229-9 C0026